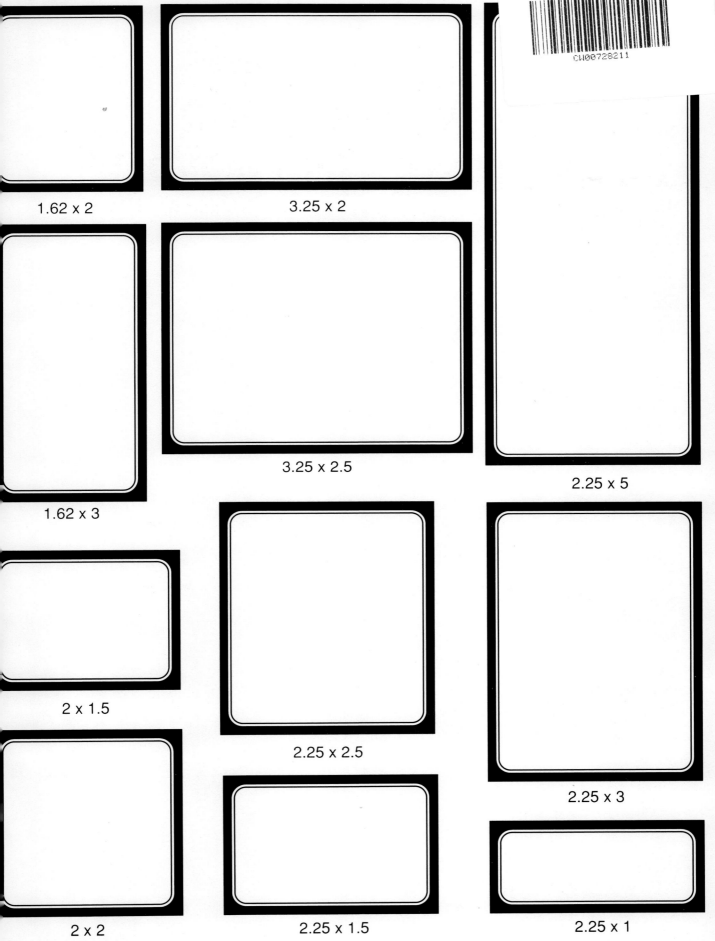

1.62 x 2

3.25 x 2

3.25 x 2.5

2.25 x 5

1.62 x 3

2 x 1.5

2.25 x 2.5

2.25 x 3

2 x 2

2.25 x 1.5

2.25 x 1

1.62 x 2

3.25 x 2

1.62 x 3

3.25 x 2.5

2.25 x 5

2 x 1.5

2.25 x 2.5

2.25 x 3

2 x 2

2.25 x 1.5

2.25 x 1

1.62 x 2

3.25 x 2

3.25 x 2.5

2.25 x 5

1.62 x 3

2 x 1.5

2.25 x 2.5

2.25 x 3

2 x 2

2.25 x 1.5

2.25 x 1

3

1.62 x 2

3.25 x 2

1.62 x 3

3.25 x 2.5

2.25 x 5

2 x 1.5

2.25 x 2.5

2.25 x 3

2 x 2

2.25 x 1.5

2.25 x 1

1.62 x 2

3.25 x 2

1.62 x 3

3.25 x 2.5

2.25 x 5

2 x 1.5

2.25 x 2.5

2.25 x 3

2 x 2

2.25 x 1.5

2.25 x 1

5

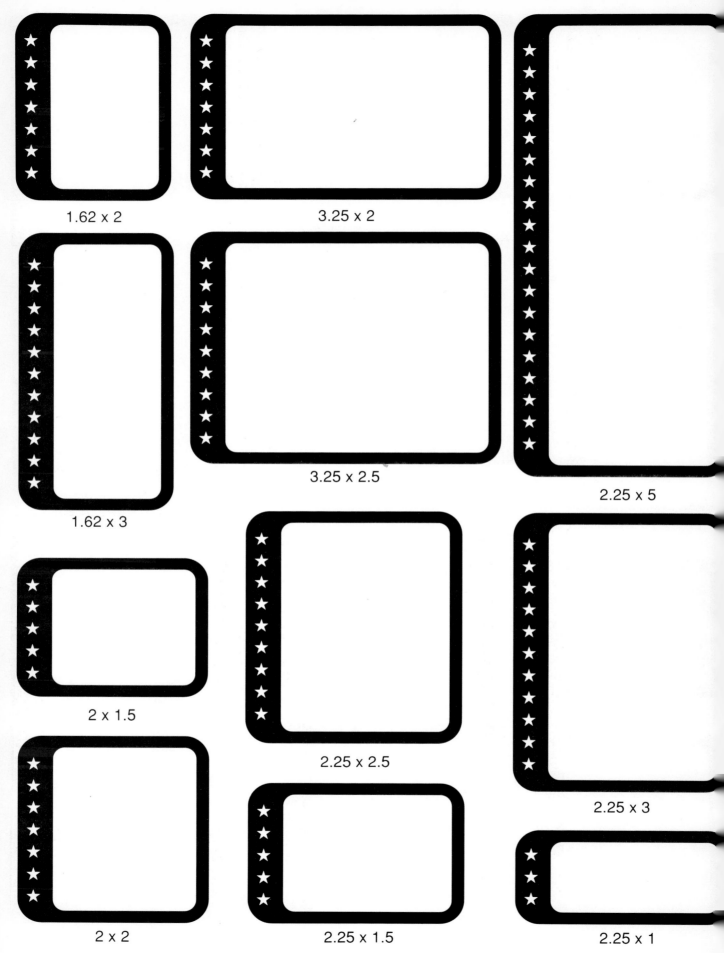

1.62 x 2

3.25 x 2

1.62 x 3

3.25 x 2.5

2.25 x 5

2 x 1.5

2.25 x 2.5

2.25 x 3

2 x 2

2.25 x 1.5

2.25 x 1

6

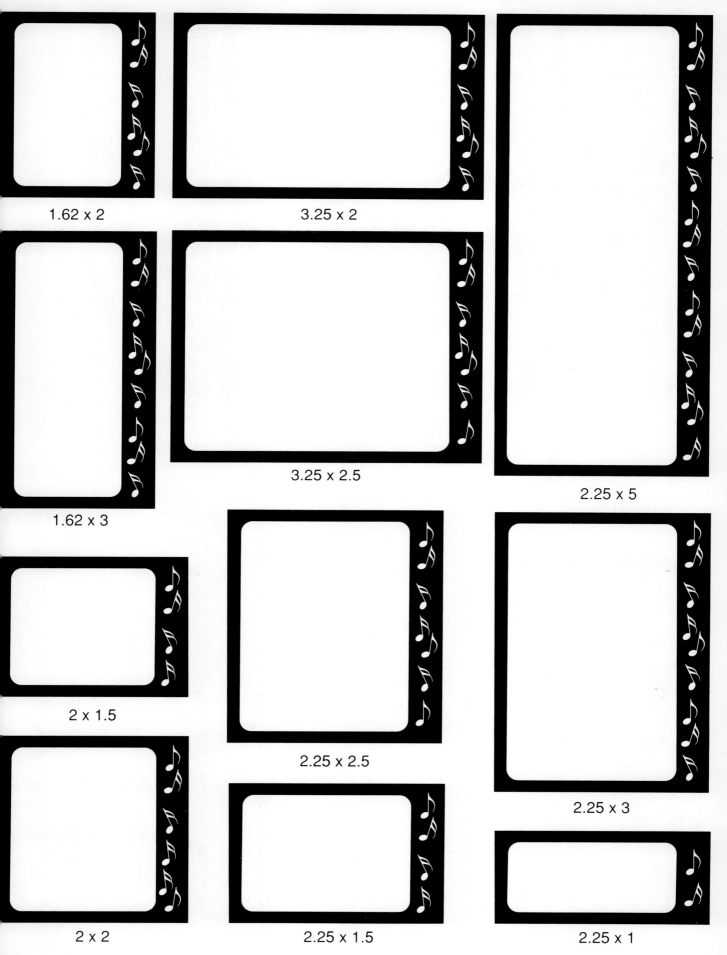

1.62 x 2

3.25 x 2

1.62 x 3

3.25 x 2.5

2.25 x 5

2 x 1.5

2.25 x 2.5

2.25 x 3

2 x 2

2.25 x 1.5

2.25 x 1

7

1.62 x 2

3.25 x 2

1.62 x 3

3.25 x 2.5

2.25 x 5

2 x 1.5

2.25 x 2.5

2.25 x 3

2 x 2

2.25 x 1.5

2.25 x 1

1.62 x 2

3.25 x 2

3.25 x 2.5

2.25 x 5

1.62 x 3

2 x 1.5

2.25 x 2.5

2.25 x 3

2 x 2

2.25 x 1.5

2.25 x 1

1.62 x 2

3.25 x 2

1.62 x 3

3.25 x 2.5

2.25 x 5

2 x 1.5

2.25 x 2.5

2.25 x 3

2 x 2

2.25 x 1.5

2.25 x 1

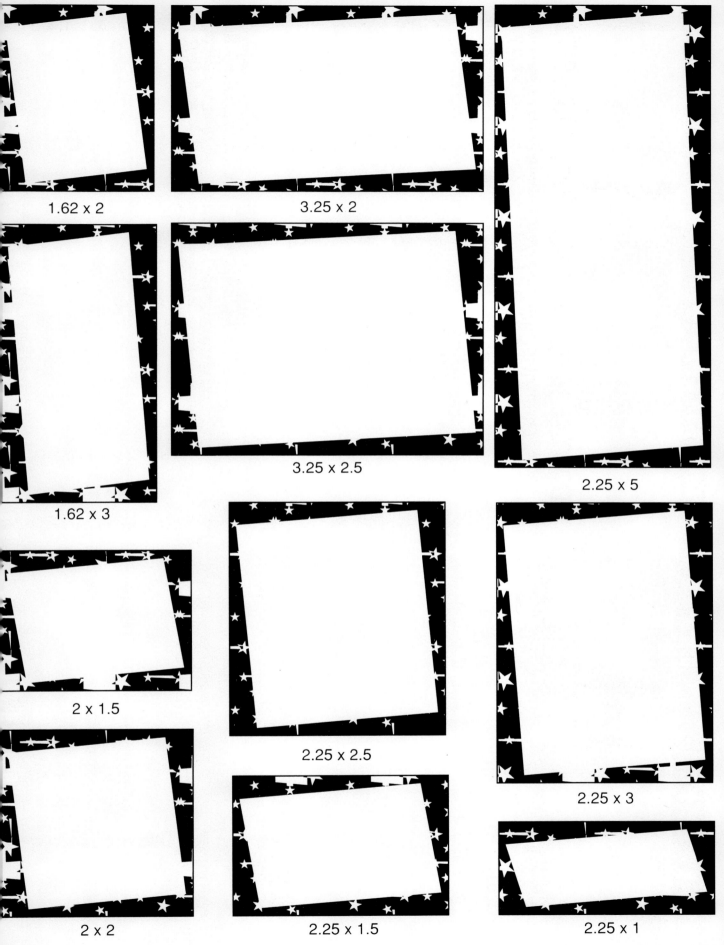

1.62 x 2

3.25 x 2

1.62 x 3

3.25 x 2.5

2.25 x 5

2 x 1.5

2.25 x 2.5

2.25 x 3

2 x 2

2.25 x 1.5

2.25 x 1

11

1.62 x 2

3.25 x 2

1.62 x 3

3.25 x 2.5

2.25 x 5

2 x 1.5

2.25 x 2.5

2.25 x 3

2 x 2

2.25 x 1.5

2.25 x 1

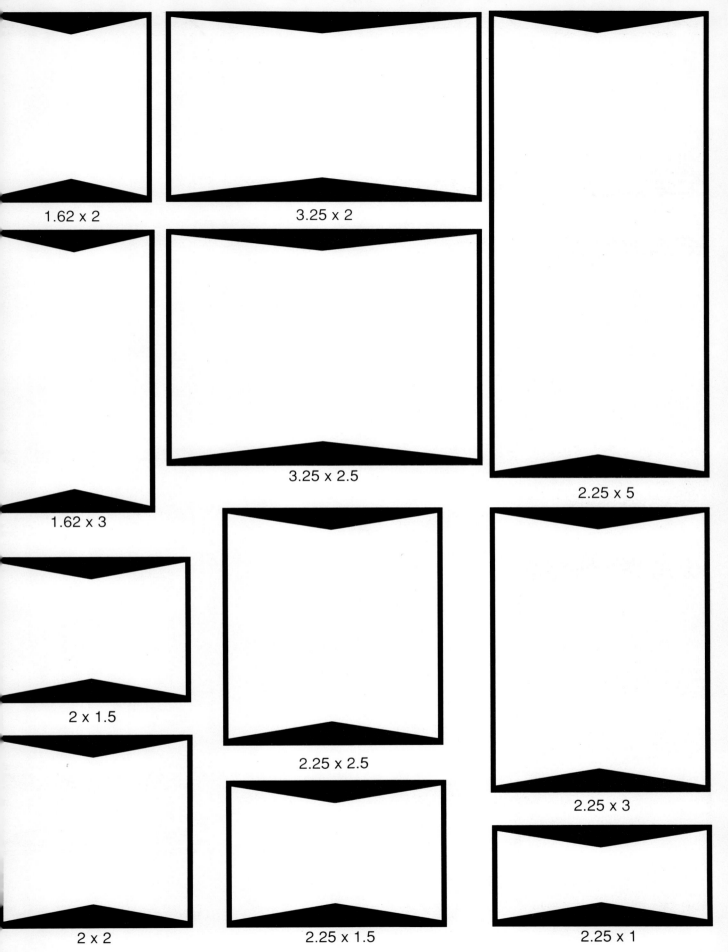

1.62 x 2

3.25 x 2

3.25 x 2.5

2.25 x 5

1.62 x 3

2 x 1.5

2.25 x 2.5

2.25 x 3

2 x 2

2.25 x 1.5

2.25 x 1

13

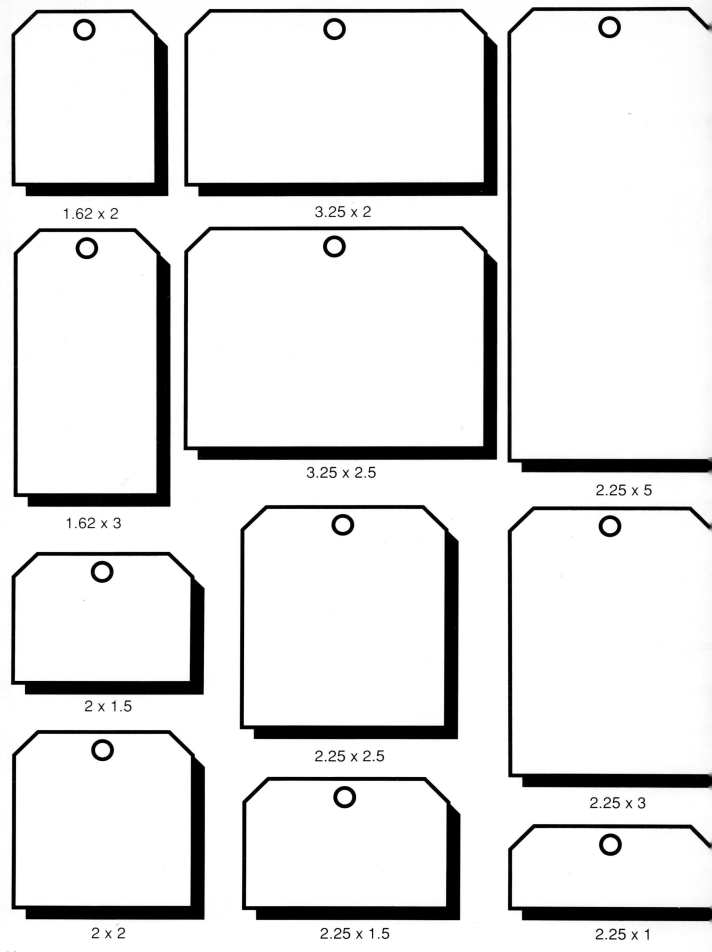

1.62 x 2

3.25 x 2

1.62 x 3

3.25 x 2.5

2.25 x 5

2 x 1.5

2.25 x 2.5

2.25 x 3

2 x 2

2.25 x 1.5

2.25 x 1

14

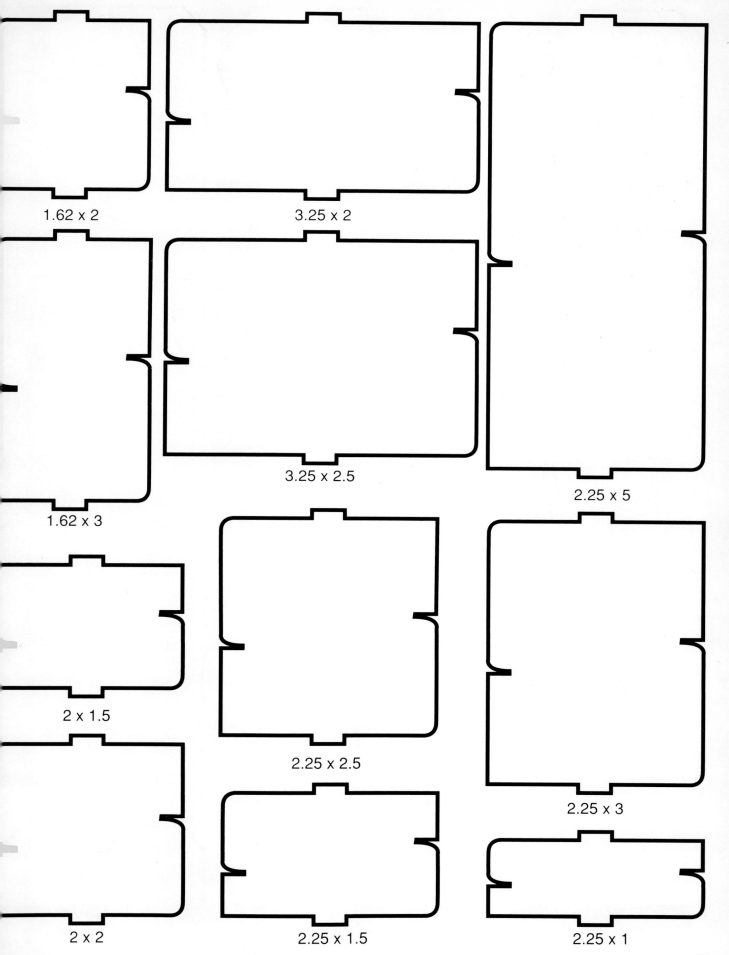

1.62 x 2

3.25 x 2

1.62 x 3

3.25 x 2.5

2.25 x 5

2 x 1.5

2.25 x 2.5

2.25 x 3

2 x 2

2.25 x 1.5

2.25 x 1

1.62 x 2

3.25 x 2

1.62 x 3

3.25 x 2.5

2.25 x 5

2 x 1.5

2.25 x 2.5

2.25 x 3

2 x 2

2.25 x 1.5

2.25 x 1

1.62 x 2

3.25 x 2

1.62 x 3

3.25 x 2.5

2.25 x 5

2 x 1.5

2.25 x 2.5

2.25 x 3

2 x 2

2.25 x 1.5

2.25 x 1

17

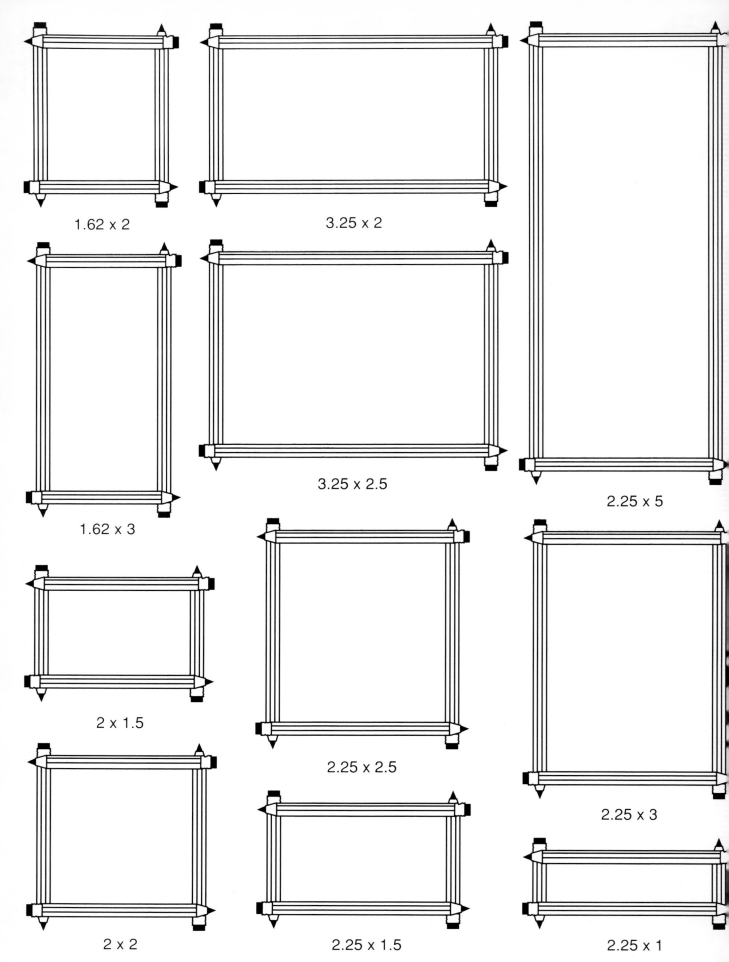

1.62 x 2

3.25 x 2

1.62 x 3

3.25 x 2.5

2.25 x 5

2 x 1.5

2.25 x 2.5

2.25 x 3

2 x 2

2.25 x 1.5

2.25 x 1

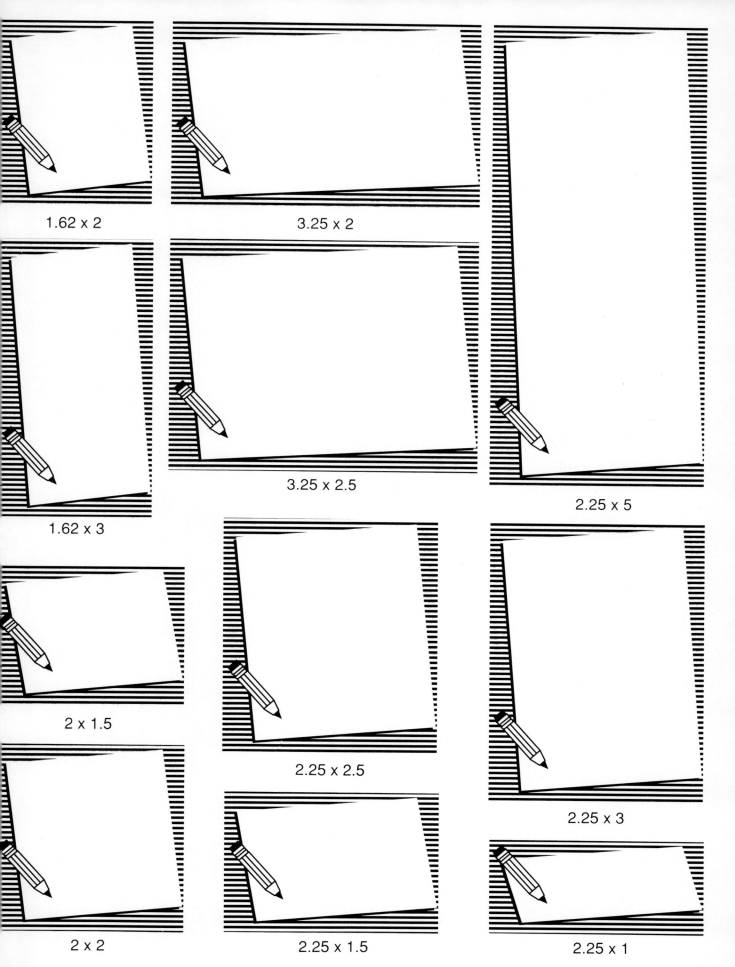

1.62 x 2

3.25 x 2

1.62 x 3

3.25 x 2.5

2.25 x 5

2 x 1.5

2.25 x 2.5

2.25 x 3

2 x 2

2.25 x 1.5

2.25 x 1

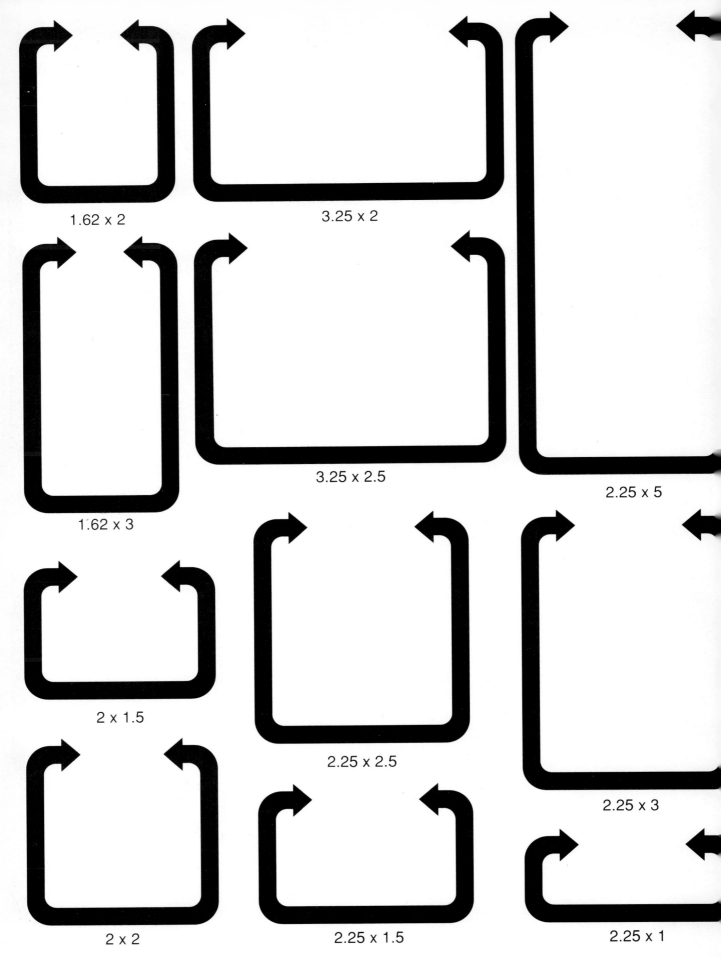

1.62 x 2

3.25 x 2

1.62 x 3

3.25 x 2.5

2.25 x 5

2 x 1.5

2.25 x 2.5

2.25 x 3

2 x 2

2.25 x 1.5

2.25 x 1

1.62 x 2

3.25 x 2

1.62 x 3

3.25 x 2.5

2.25 x 5

2 x 1.5

2.25 x 2.5

2.25 x 3

2 x 2

2.25 x 1.5

2.25 x 1

21

1.62 x 2

3.25 x 2

1.62 x 3

3.25 x 2.5

2.25 x 5

2 x 1.5

2.25 x 2.5

2.25 x 3

2 x 2

2.25 x 1.5

2.25 x 1

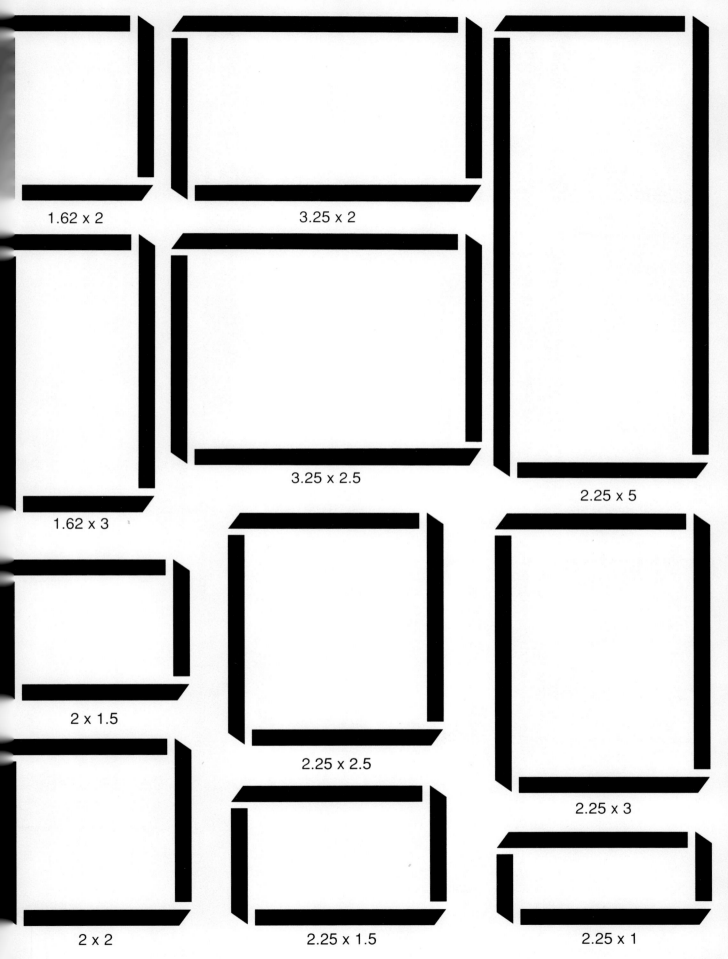

1.62 x 2

3.25 x 2

1.62 x 3

3.25 x 2.5

2.25 x 5

2 x 1.5

2.25 x 2.5

2.25 x 3

2 x 2

2.25 x 1.5

2.25 x 1

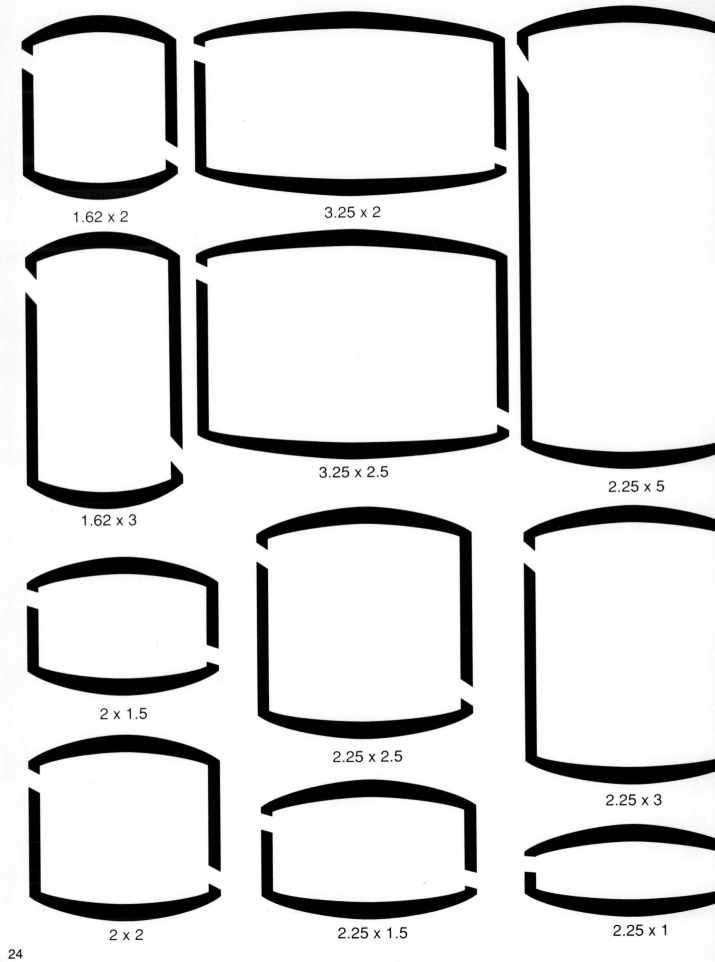

1.62 x 2

3.25 x 2

1.62 x 3

3.25 x 2.5

2.25 x 5

2 x 1.5

2.25 x 2.5

2.25 x 3

2 x 2

2.25 x 1.5

2.25 x 1

24

1.62 x 2

3.25 x 2

1.62 x 3

3.25 x 2.5

2.25 x 5

2 x 1.5

2.25 x 2.5

2.25 x 3

2 x 2

2.25 x 1.5

2.25 x 1

25

1.62 x 2

3.25 x 2

1.62 x 3

3.25 x 2.5

2.25 x 5

2 x 1.5

2.25 x 2.5

2.25 x 3

2 x 2

2.25 x 1.5

2.25 x 1

1.62 x 2

3.25 x 2

1.62 x 3

3.25 x 2.5

2.25 x 5

2 x 1.5

2.25 x 2.5

2.25 x 3

2 x 2

2.25 x 1.5

2.25 x 1

1.62 x 2

3.25 x 2

1.62 x 3

3.25 x 2.5

2.25 x 5

2 x 1.5

2.25 x 2.5

2.25 x 3

2 x 2

2.25 x 1.5

2.25 x 1

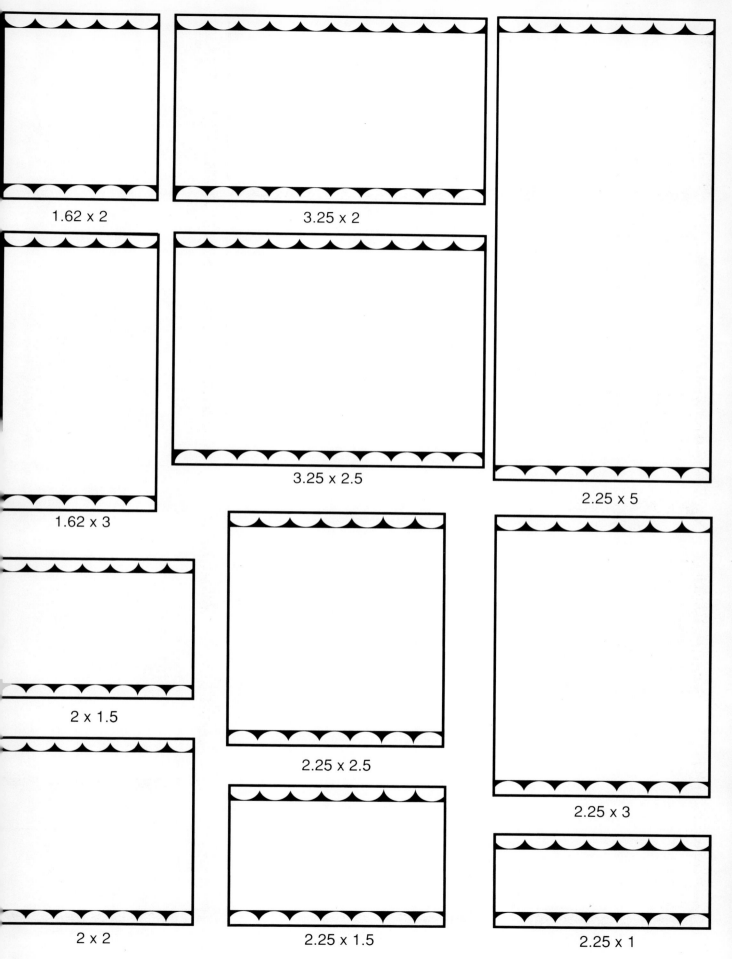

1.62 x 2

3.25 x 2

1.62 x 3

3.25 x 2.5

2.25 x 5

2 x 1.5

2.25 x 2.5

2.25 x 3

2 x 2

2.25 x 1.5

2.25 x 1

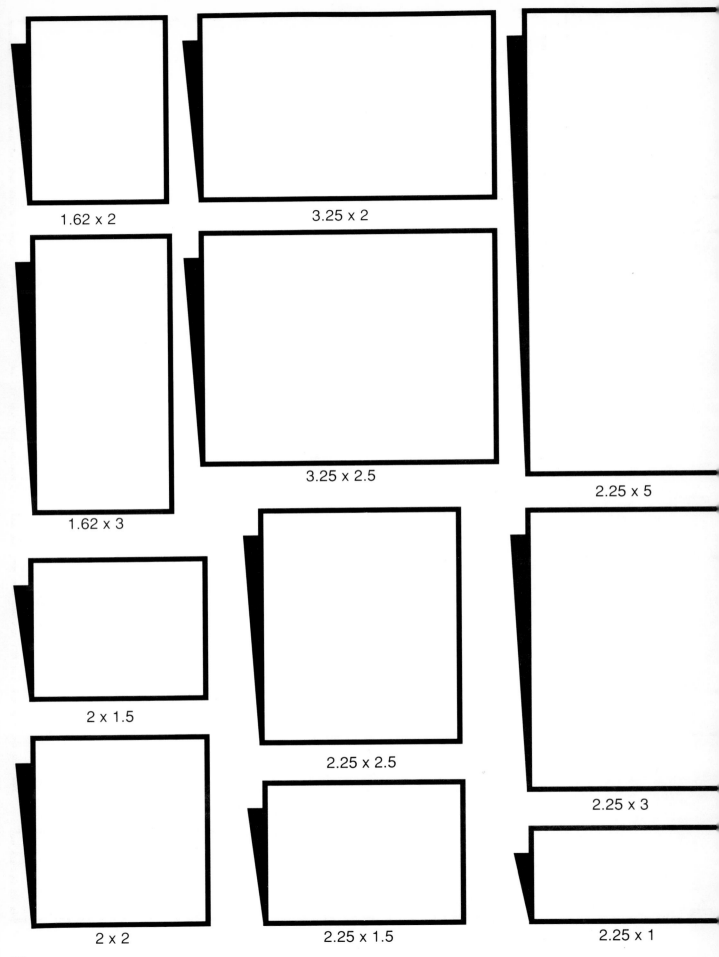

1.62 x 2

3.25 x 2

1.62 x 3

3.25 x 2.5

2.25 x 5

2 x 1.5

2.25 x 2.5

2.25 x 3

2 x 2

2.25 x 1.5

2.25 x 1

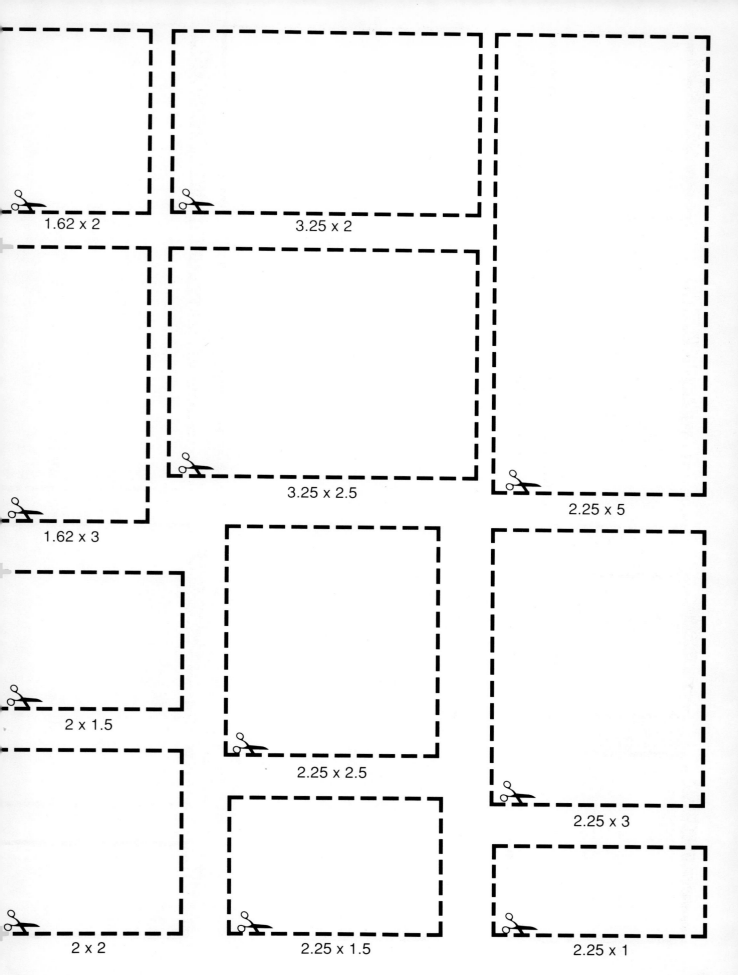

1.62 x 2

3.25 x 2

3.25 x 2.5

2.25 x 5

1.62 x 3

2 x 1.5

2.25 x 2.5

2.25 x 3

2 x 2

2.25 x 1.5

2.25 x 1

31

1.62 x 2

3.25 x 2

1.62 x 3

3.25 x 2.5

2.25 x 5

2 x 1.5

2.25 x 2.5

2.25 x 3

2 x 2

2.25 x 1.5

2.25 x 1